JN410793

그리운 고향 언저리

남정휘

문예원

| 글쓴이의 말 |

존재하는 것들마다 다 아프고 소중한 사연들이 있기에, 미동도 없는 돌멩이도 세월을 낚고, 잡초는 비바람에 흔들리며 마지막까지 괴로워한다.

가슴을 적시우는 사연을 버리진 못하고, 어설프게나마 한 올씩 짜서 그대에게 보내는 작은 그리움들을 몇 개 만들어 보았지만, 항상 미완으로 괴로워한다.

여기에 실린 내 시들의 행간에 떠돌고 있는 다하지 못한 그 '불립문자'의 사연들을 독자분들이 조금이나마 느끼고 또 같이 공감할 수 있다면, 또 겸허하게 만족하고 감사를 드리고자 한다.

지금도 내 그리운 고향 언저리엔 쓸쓸한 밤이 오고, 별이 뜨고, 바람이 불고, 또 해가 해맑게 떠오르는 아침이 온다.

이 마지막 행복으로, 내 남은 삶을 오롯이 꿈꾸고 만들고 노래하고 싶다.

늘, 함께해주시는 모든 분들께, 아직 쓸쓸하게 남아 있는 고향 소식들을 성심을 다해 전해드리고 싶다.

2018년 봄 삼월

양리 남정휘 삼가 합장.

| 차례 |

제1부 봄

제2부 여름

제3부 가을

제4부 겨울

제5부 근황

제1부

봄

농부의 봄꿈

텅 빈 농부의 집
따사로운 봄 햇살,
초가지붕 빛바랜 용마루를 타고
팔베개로 누웠다.

다시 찾아올 나비는
남몰래 탈바꿈의 고통으로
어디쯤에서 인고의 시간을 접고 있는가.

하늘 높이에서,
삭풍을 견뎌온 해 묵은 까치둥지
아직도 옛 주인 기다리는데,

노란 개나리꽃들 저 혼자 피어,
새로 돋는 햇살 아래
다시, 농부의 꿈을 꾼다.

모악산
-대원사

계곡의 잔설, 봄볕에 밀리어
부서지는 포말泡沫로
바윗돌 푸른 이끼
피워놓고,

연화등 걸린 대원사大願寺 언저리
새로 돋아난 풀밭 언저리,
굴참나무 숲으로 비쳐든
아침 햇살에,
진달래 고요히
붉다.

삭풍을 맞서 한겨울 견딘 억새풀들
아직 꽃으로 살아,
엄동의 고뇌를 감추고
고개 숙여 생명의 소리를 듣는다.

검은 능선 따라 꽃은 또 피어나는데,
억년을 간직한 침묵으로
모악은 하늘을 이고,
오늘도
먼 대원의 꿈을 꾼다.

개암사 봄

4월, 개암사
울금바위 너머 내려오던
겨울바람,
봄볕에 밀리어 부서지며
마른 참나무 삭정이에서
몸살을 한다.

잎눈 튀어나오는 소리
꽃눈 벌어지는 소리
햇살 따라
산사 뜨락으로 내려와
대웅전 독경소리에 섞인다.

이윽고, 매화향
산신각 문창살에 다가와
조용히 각문이
열린다.

매화꽃 한 두 이파리
침묵 속에 범종각 아래로
떨어질 때,
내 아픈 상처, 골짜기 물에
스민다.

울금바위 위로 서해 노을
붉게 타 다가오면
우금산이여,
아직도 우린 겨우내 몸살인가
울분인가.

오월

은빛 갯버들은 솜털을 털어내고
봄 햇살에 뛰쳐나온 잎새들 사이로
마냥, 그리움을 피워냅니다.

산자락에 울려 퍼지는 소쩍새 울음도
진달래 분홍빛으로 피어나고
무덤가 잔디도,
무성하게 무성하게 돋아납니다.

이름을 시샘하지 않는 들꽃들
아카시아 향기 무리 짓는 언덕 아래서
소곤소곤, 봄 이야기를 지어냅니다.

소복을 한 때죽나무 꽃잎 꽃잎들
가는 봄을 이기지 못하여,
또르르 또르르
개울물 따라 어디론가 흘러갑니다.

임이 떠나도 슬프지 않은 산,
지는 꽃 옆에 또 파란 새 잎을 피웁니다.

봄의 발자국 사라지는 산길에서
새로 이야기 무성할
여름을 봅니다.

꽃
-그대에게

봄이 오는데, 왜 꽃이 떨어지나요.
봄이 가는데, 왜 꽃이 피고 있나요.

칠연계곡
-봄비

백두대간 따라온 낮은 구름들
향적봉에 얼우더니,
계곡에 보슬비가 내립니다.

겨울 내내 피었던 눈꽃들은
아직, 낙엽 아래 희끗희끗 남아
봄비를 시샘합니다.

저 깊은 골짜기,
번져가는 물안개 속에서
쏟아지는 폭포소리,

산사람 푸른 꿈들은
아직,
폭포 아래 잠든 못에 깊고
못가에 피어나는 물보라 속에,
웅크린 잎눈들
시린 이마가
푸릅니다.

봄비

-소식

간밤에 밤안개 가득하더니, 가지마다 물방울 맺히고 웅크린 잎눈들이 봄바람에 금방이라도 튀어나올 듯, 살아 있는 가지에만 푸른빛이 돕니다. 겨울을 이겨내지 못하고 생生을 내려놓은 가지들의 부석거리는 외침은 봄비 속에서 이제, 기꺼이 부드러운 흙이 되고자 합니다. 그늘진 오솔길 어설피 남은 잔설殘雪들이 아직 낙엽 위에 잠시 남아 있을지라도, 스며드는 봄의 향기와 부드러운 흙 내음 속으로 기꺼이 스며들 준비를 하고 있습니다. 신비롭게 다가오는 것은, 오직 저 새로 피어나는 생명들뿐만이 아님을, 저 '살아 있는' 것들만의 몫이 아님을, 이젠 당신께 전해드릴 수 있습니다. 그럼, 늘 편안히 지내시어요. 안녕.

다시, 고향을 떠나며

하늘에 구름 가고 산과 산을 두르고 들에는 꽃이 피고 숲에선 가랑잎이 바람결에 살랑거리는 정다운 고향을 여지껏 몰랐습니다. 그저 우물가에서 물 마시고 산천을 바라보며 자연을 닮아 자라난 곳일 따름이었습니다. 언젠가 이곳을 떠나고 싶어했던 가슴을 고향은 그래도 밀어내지 아니하였습니다. 내가 스스로 고향에 등을 돌렸는가조차 아지 못하고 살아온 나날이었습니다. 이제는 혼마저 희미해져 앙상한 둥지만 남은 고향입니다. 이제사, 고향에 돌아와, 다시 고향을 애타게 부르다가 다시 돌아서야합니다.

형님께

-서울 소식

형을 보러 도심을 벗어나자 차창너머로 냇둑의 실버들 바람에 나부끼고 산허리엔 산벚꽃 꽃바람이 휘감기고 잇따라 밀려오는 꽃향기들 속에 사월은 왔습니다. 창가에 기댄 사람들의 굽은 어깨 너머로 화폭처럼 펼쳐지는 차령산맥 평화로운 능선들을 따라 밀려온 아산만 푸른 파도 소리에, 한동안 움추렸던 가슴에 울컥 솟구치는 봄을 보았을 때, 거기에 형이 웃고 서 있었습니다. 기쁨에 지친 몸으로 돌아오는 차창에, 잠에 취한 내 머리위로 다시 붉은 노을이 뚝뚝 떨어지고, 따라오던 초록빛도 산 너머 푸른 파도소리도 먼 산너머로 달아납니다. 도심으로 들어서서 좁은 골목길로 접어들다가, 무심코 떨어진 목련 꽃잎 하나를 밟고, 인도블럭 틈새에 부대끼고 있는 잡초 몇 포기를 보자, 갑자기 사월은 사라졌습니다.

오목대의 봄
-고려와 조선

바람 등에 잠시 업혀
가뜬히 오른
오목대,

갑자기 펼쳐지는
완산골 화폭,

누각을 둘러싼 고목의 가지
바람 따라 다투어
내미는 속잎들.

텃새들도 찾아와
용마루 아래 빈 처마 속 기웃거리며
내미는 속잎에 쫑알거린다.

한벽루 아래로 흘러내린
옛물 유유히 맑고
그 물빛에 어리는
청연青煙의 이내여.

이곳에 어린 온고을 오랜 청사青史
두 왕조의 해후가 맺힌 자리,
오랜 상생相生의 꿈은
오늘도 푸르다.

제2부

여름

연꽃

여름 되자
호수에 피어난
당신,

아침 이슬도
이파리에 맺혀 있는
청순,

주위엔
빙 둘러 산을 에우고
오오래 고인 그리움의
발화,

비록,
다가가 손 내밀 순 없어도

해마다 피어나는
내 간절한
그리움.

섬

뭍에서 벗어나 망망한 바다
절해에 혼자
되어,

파도를 불러 소리치게 하고
먹구름 불러
천둥과 벼락,

저 깊어질 대로 깊어진
수심에 뿌리를 내려,

붉은 노을
세월 잃은 등대와 함께,

영원한 침묵에 든
무상無常.

토굴암자

세속을 벗어놓고 든 자리
구름 한 점도 지우고,

하늘 향해 감은 눈
땅으로 내려앉은 좌대 없는 가부좌,

티끌 스쳐온 산바람도
에둘러 먼 곳으로 간다.

노을이 지면
산을 덮는 풀벌레소리,

목탁소리보다 더 멀리
사람의 마을에까지
가 닿는다.

어둠이여,
목숨이여,

이제 흙이 다 되어가는 어둠의 정적이
생명의 빛이 되어,
사바娑婆에까지
화안히 너그럽다.

개울가에서

이제 나는
무심無心 되어,
개울물 소리의 경이驚異 앞에
앉았습니다.

골바람 실은 물소리는
무언의 냉혹한 해탈을 재촉합니다.

깊은 저 산이 흘려 내린 물은
나를 더 낮은 곳으로 데리고
가며,
숲의 은밀한 말들을 들려줍니다.

세월의 틈을 지나온 바람은
속음俗音을 잊으라 하며,
거침없이 내 육신을 끌어다
생명의 푸른 숲 물가에 내동댕이칩니다.

텅 빈 가슴,
물소리만 그득한 채,

무심히,
개울물 소리 따라 흘러갈 뿐입니다.

풋감, 조을다

산바람이 간간이 내려오는 마을,
초가집들 몇 채 조을고
땡볕은 처마 끝을 달군다.

까치 우짖는 소리에
떨어진 감꽃,

터엉 빈 곳간 앞
헛간에
진다.

저 감꽃 꿔미꿔미 꿰어
목에 걸던,
어린 그리움들 어데로
갔나.

돌아온 계절마다,
맑은 햇살, 얼굴마다 푸른 감물이

들던,
눈앞에 아른거리는 계집아이들.

빈 마을, 빈 가슴
오늘도 남쪽엔
저 혼자 감꽃이 진다.

한 여름

낮게 드리워진 잿빛 하늘
붉은 햇살 내려온다.

가로수 팔들을 펼쳐
검은 뭉게구름을 머리에 이고,

폭포처럼 쏟아지는 매미 울음은
핏빛 노을을
토해낸다.

어둠이라도 내리면
한 시름,
내려놓을까.

밤, 풀벌레 소리 요란해지고
한여름 밤의 열기
오장 육부를 뒤흔들 때,

뼛속 마지막 남은 인내로
지새우는 밤 너머,
높푸른 가을하늘 보인다.

늦여름, 호숫가

-벗

숲으로
하늘을 가리우고
남은 산새소리
정겨웁다.

솔송주에 어리는
늦여름 마지막 매미의 울음소리,
주거니 받거니
해 가는 줄 모른다.

호숫가에
펼쳐지는 오래고 풋풋한 얘기들
솔바람으로 퍼져,
호수에
잔잔한 파문을 그린다.

이제 널따래진 이마들
흐트러진 머릿결,
노을빛에 물들면

이제,
우린 호수와 바람과 나무들과
함께, 노을 속에서 하나가 된다.

갯바위

파도의 하얀 꽃
피워내는 검은 바위,

사랑도 잠시
머물다 떠나고,

노을이 내려와도
길을 찾지 않는다.

우우 달려드는 파도
쏴아 침몰하는 함성,

아픔도 잠시
머물다 떠나고

어둠이 내려와도
돌아가지 않는다.

바닷가에 앉은
한 사람,
가슴이 다 패이도록
갯바위를 닮아간다.

거미줄

집 모퉁이 인적 드문 골목길
습한 담벼락, 그 어디라도
아무리 거센 바람 속, 어둠 속에서도
허공을 얽어매어 그물집을 짓고,
그 그물에 알알이 이슬을 매달아
햇살을 모아 반짝이게 한다.

그대의 텅 빈 삶을 모른 채
세상을 떠도는 곤충들, 부나비들
그저 철없는
백치白癡의 처절한 몸부림,

저 허공중에 보금자리 친
그대를 따라,
오늘도 나는 내 텅 빈 하루를
엮으리.

제3부

가을

향수

지금도 마을 앞 당산나무는
날, 기다리고 있을까.

저녁 가을바람, 지는 낙엽 속에서
귀뚜라미 소리
옛날처럼 초롱한데,

늘 혼자 걸으며 뒤돌아보았던
길섶, 옹달샘에
반달은 지금도 떠 있을까.

내가 늘 잠들던 안방 어머님
팔베개,
지금도 옛날의 그 철부지를
기다리고 계실까.

머리맡에 느껴지는 싸늘한 감촉
심장 움켜잡는 전율,
고향 꿈이 실어온다.

코스모스

늘 청순한 상념에
해맑은 미소,

세월만을 배워온
그대,

스치는 바람
흐르는 구름에도

늘 설레이던
가슴,

아름다운 저녁노을도
깊은 밤의 한숨도,

된서리 내려
귀뚜라미도 멀리 가버린 날,

그 기다림
작은 씨앗으로 남아,

다시 먼 새봄을
꿈꾼다.

꽃무릇

선운사 깊은 골짜기
여린 잎새 하나는
꽃,

작고 여린 우리네 희망처럼
가느다란 실핏줄 같은
꽃,

머나먼 도솔천을 향해
붉게도 솟아오른,

저 가냘프디 가냘픈
작은 꿈들,

봄날, 대웅전 뒷뜰
검붉게 피던 동백꽃들로도
다하지 못한,

우리네 밑바닥의 보잘 것 없는
꿈들이여.

그래도 함께 피니
아름답구나.

무리지어 함께 꿈꾸니
행복하구나.

삼복을 다 이기고
잎새 하나 없이,

저 혼자서들 피워올리는
붉은 소망들
대견하구나.

가을

산모롱이를 돌아 벌판을 지나 초가지붕 툇마루에 찾아온 가을볕이 한나절을 살다 가자, 마당가 감들이 물들기 시작합니다. 가을 햇볕은 이렇게, 아무도 모르게 조용히 다가와, 올해에도 가을은 문을 열고 있습니다. 순하도록 맑은 하늘을 이고 살아온 내 고향 마을 사람들의 가을은 이렇게 또 아무도 모르게 마당가 감처럼 붉게 물들어갑니다. 멀리 국사봉 아래 산자락 순결하디 순결한 구절초 꽃숭어리들 위에도 가을은 몰래 내려앉고, 다시 앞시냇가 철새들의 삶에 겨운 날개 짓에, 서서히 가을은 또 어디론가 실려 가고 있음을 봅니다. 내 이 알 수 없는 그리움 좇아 올해에도 마당가엔 붉은 고추잠자들이 날고, 들깻단을 이고 돌아오시는 어머님의 허리가 휘인 모습이 꿈인 듯 생신 듯 눈앞에 어리고 있습니다.

한가위

하늘 끝 가장자리 산들을 모아놓고 냇물이 흐르고 가을엔 해마다 황금물결이 일렁이는 곳, 지금도 내 어린 시절 마을이 그립습니다. 옛 바람 감나무골 맴돌다 가지마다 감들을 애무하면, 한껏 고무된 감들은 붉을 대로 붉어 온통 홍시가 되어버리고, 애무에 지친 감나무 잎들은 그만 붉게 물들며 지상으로 몸을 뉘이곤하였습니다. 길가, 코스모스들은 꽃잎들을 접고 봄을 향해 까아만 씨앗들을 남기며 스러지고, 마을 앞 둥구나무도 잎들을 지상으로 모두 거두어들일 때, 할아버지는 기인 담뱃대 장죽을 무시고 마당을 두어 바퀴 도시노라면, 고추잠자리들이 그 장죽 끝에 앉았다가 담배연기에 놀라 하늘로 날아오르기도 하였습니다. 주위의 산천 단풍들어 가을은 온통 깊어지는데, 이제 저는 마음 빈자리 그냥 두고 가는 가을을 손 저어 배웅하려 합니다. 모두 떠난 빈 장독대, 벌초 끝난 묘지 위에도 가을 달빛은 환안합니다. 가을이 떠나는 저 길목, 다시 세월을 돌이키며 그때 그 동무 아니 올까 바라보는 어린 초승달이 기다리다 지쳐, 동구 밖 높은 곳에 만삭의 그리움을 드리우고 있습니다.

벌초

우리 아버지 그러하셨듯이,
나도 오늘은 어버이 만나러 왔다.

집 마당가 감나무 그늘
통나무 의자에 앉아
머리를 깎아주시던 기억,

손기계에 머리가 뽑힐 때 울먹이던 기억
울먹이며 잘려나간 그 머리카락
그리워진다.

오늘은 내가 아버지 머리를 깎는다.
아버지의 편안한 안식을 위해,
중도 못 깎는 아버지 머리에
웃자란 머리칼을 단정하게 다듬는다.

예초기로 다듬은 아버지 머리
옆에서 보니 반달이요
위에서 내려 보니 보름달.

오다 먼발치 되돌아보니 봉긋이 솟아오른
정겨운 얼굴,

아버지 머리 깎을 줄을 예전에 알았더라면
세월이 어버지를 데려가는 것도
알았을 것을.

추석 이야기
-보름달을 그리다

초저녁 백지 위에
고향 보름달을 그려 놓으니,

남은 쓰르라미 소리 정겨웁고
화폭엔 달빛 쏟아져 내린다.

가버린 어버이 발자국 소리
달 아래 사립문으로
들어서시며,

무거운 짐일랑 내려놓고
쉬어가자, 쉬어가라 하신다.

고개 들어 눈을 감으니
세상이 온통
둥근 보름달,

모두 모인 함박웃음이
달빛에 옛이야기를 출렁인다.

시간 가는 줄 모르던 아이들의 얼굴
어느새 둥근달이 기울고
새벽별들이 가물거리면,

내 추석은 갑자기 비린 내 가득한
새벽시장으로 떠난다.

추석, 성묘

마을을 벗어나
바람으로 가셨는가
구름으로 가셨는가
구불구불 펼쳐놓은 정든 길
띄엄띄엄 야생화들이
풀숲에 어우러져 하늘거린다.
양지바른 자리에 앉아 계신다.

묘지 주변에 반기는 들꽃들
오늘따라 예사롭지 않다.
근엄하셨던 모습, 인자하셨던 모습들이
어렴풋이 떠오르고
세월의 길이만큼
묘지의 봉분은 낮아져간다.

희미해져가는 모습
가슴에 쌓이면 찾고 싶어진다.
후세의 자식들은
이런 회한悔恨의 기억들이 있을까.

저 오랜 숲의 뿌리들
오늘도 조용히
숲을 세우고 있다.

마주치는 저 야생화 이름을
내가 모르듯,
내가 저곳에 계시는 어버이의 뜻을
모른 채.

구절초

가을이면 늘 애잔해지는 가슴
찾아오는
꽃,

여름내 비바람 맞은 칼칼한
산새 소리,
마디마디 새긴 가지 위로
흰 찬 이슬에 내린
달빛,

처음 친정길 나서시던
어머니,
하얀 단장, 비녀머리 같은
꽃,

따라오다, 따라오다, 내가 문득 돌아서 보면
이내 어디론가 먼 하늘로
고개를 돌리곤 하는,

끝끝내, 끝끝내 돌아오지 못하는
어머니, 어머니 같은
사랑.

감나무 골, 비가 내린다

구름 위로 느릿느릿 세월이 지나가는 기암절벽은 누구의 의지인가요. 어쩌면 언젠가는 무너질 것도 같은 저 바위의 자태에 먹구름 드리우는 것은 나의 그런 마음일까요. 저 바윗 절벽 계곡으로 떨어지는 바람에 억새의 흰 머리카락 흔들리우는 것은 그대의 말갈기 같은 그리움인가요. 바랑산 감나무 골에 가랑비 내리는 것은 물론 나의 그리움 탓입니다. 우두커니, 마당가에서 혼자 바라보는 가을비 속에 갑자기 홍시 같은 그리움이 바람 속으로 지나가는 걸 보았습니다. 그 그리움, 이젠 저렇게 뿌리 깊이 젖어드는 어두운 가을비 속에서도, 만산滿山을 홍엽紅葉으로 붉게 물들이고 있습니다. 그 그리움 이제, 땅속으로 깊이깊이 스며들고 있습니다.

내 고향, 절정

짙푸른 잎 사이 은방울 감꽃
우수수 진 자리,

아무것도 없는가 하던
그 무명無明의 자리,

무더운 삼복더위 푸른 하늘을 바래
작은 그리움 하나씩
돋아나더니,

그 그리움 뙤약볕에
가지마다 검푸른 멍으로 자라,

갑자기 드높아진 마당가
쪽빛 하늘 아래,

그 멍들이 바알갛게
익어,

동네 율법으로도, 우리집 가풍으로도
이기지 못하는,
이 절륜의 그리움,
최대 절정이 이루어졌다.

추수하던 농부

-추억

황금빛 속삭이던 시월은 아버지 등에 실어 갔고 다랑이 논 지키던 허재비도 이젠 간 곳이 없습니다. 법석이던 바람소리 어제였던가. 허허로운 들녘에 빈 허무를 깔아놓고 허리 굽은 아버지는 된 서리 내리기 전에 남은 허무 같은 저 이삭을 주우셨지요. 이제 깊이 패인 내 이마로 석양 노을 내려오면, 깊어진 주름살 사이에 흘러온 세월을 잠시 접어두고, 허리춤에 낫 한 자루 차고 허둥허둥 지향 없이 저 달그림자 따라 빈 들판을 이리저리 걸어봅니다. 꿈인 듯 생신 듯 걸어가 봅니다.

생사의 십 초 비행

어느 한가로운 날 오후, 나는 마을 정자나무 아래 그늘에서 질펀하게 낮잠이 들락말락 하고 있었습니다. 그 때, 정자나무 아래 내 배꼽 위에 얹은 내 왼손에 쥐어 있던 사마귀 한 마리가 내 손이 느슨해지는 틈을 타 힘차게 날아올라 정자를 떠나 앞산 쪽으로 멀리 나라가려는 비행이 시작되었습니다. 나는 정신이 빠짝 들어 사마귀를 잡으려고 하였지만, 이미 사마귀는 내 손아귀 안의 생사를 벗어난 뒤였습니다. 머리 위로는 흰 구름이 한가로이 떠 있었고, 누렇게 익어가는 다랑이 논들 위로, 그림 같은 사마귀의 비행이 이루어지고 있는 동안, 내 느슨한 오수午睡는 여름낮 우레 번개처럼 사라졌습니다. 사마귀가 앞산 가차이 닿았는가 싶은 순간, 갑자기 푸른 하늘에서 수직으로 나려 꽂히는 산 까치의 고속 비행이 사마귀의 아름다운 비행을 낚아 채 앞산으로 날아가 버리고 말았습니다. 다만, 아무 일도 없었다는 듯, 산골의 황금물결은 평화롭기만 하였습니다. 아마도, 그 사마귀는 내 손을 벗어나 잠시나 자유를 찾아 하늘을 날던 그 짧은 순간이 가장 행복하였으리라 생각되었습니다. 그 행복은 아마도, 산까치의 먹이가 되는 순간에도 더욱 더 사마귀의 가슴을 따뜻이 뛰게 해 주었을 거란 생각이 듭니다. 오늘도, 하늘은 여전이 맑고 푸르군요.

만추

-늦가을 편지

붉은 빛이 온 산을 휘두른 지 엇 그제 이었는가 싶은데, 발밑에서 낙엽들이 바스락거립니다. 계곡의 스산한 풍경, 텅 빈 들녘의 흐무러지는 햇살, 허황한 지평선의 노을, 저 멀리 검푸른 파도가 흩어지는 쓸쓸함, 가슴을 꽉 채웠던 모든 감흥은 이제 저 가을바람이 휩쓸어가 버렸습니다. 화려하고 풍요로웠던 가을 언저리, 단풍 떠난 가지에 이별 흔적들이 새겨지고, 멀리서 날아온 산까치 붉은 홍시를 바라보며 한 참을 두리번거리고 있습니다. 방금, 까치는 홍시를 그대로 남겨둔 채로 서쪽 하늘로 날아갔습니다. 이젠, 그나마 듬성듬성 쓸쓸히 남아 서 있는 마을 길가 가로수 은행잎 조금, 감잎 조금, 억새꽃 무더기들, 그리고 산마루 굴참나무 잎들만이 소소리바람에 떨고 있습니다. 더 이상 드릴 말씀이 없어 이만 두서없이 몇 자 줄입니다.

소나무를 보다

가을의 열기 빠져나간
창가,
쓸쓸히 떨고 있는 내 앞에,
잎 진 숲속 멀리
몸이 불그스름한 노송老松 하나,
성긴 가지들 사이로 나타나며
나를 향해
웃고 있다.

제4부

겨울

첫눈 내리는 밤

칠흑 같은 어둠 속을
첫눈이 사복사복
내립니다.

어디론가, 그저
하염없이 걸어가 봅니다.

가다가 생각하니 이젠
아무리 생각해도
갈 곳이 없어,

다시, 왔던 길로
되돌아 옵니다.

그런데, 이상한 것은
분명, 되돌아 섰는데도

내가 돌아갈 길은 이제
흰 눈에 덮여 보이질 않습니다.

이젠, 그저 저 함박눈으로
내 가슴을 푸근히 감싸며

아무데나 내가 가고싶은 데로
길을 내며 걸어가 볼까 생각합니다.

겨울나무

가을밤내 수런대던 이파리들
홀연히 다 떨치고
맨살 위에 눈꽃을 피운다.

끝끝내 응달을 지키며
하늘 높이 솟아올라
깊은 사색에 잠기더니
바람의 울음 토해낸다.

마지막까지 절제된 생존으로
온 몸에 세월의 결을 새겨
시름 무늬들 그려 놓고,

눈 내린 계곡
삭풍 지나간 가지 위에
차곡차곡 별빛을 쌓아가며,
제 모습을 되돌아본다.

돌아올 산까치 둥지엔
상서로운 달빛을 걸어 놓고,
침묵 하나만으로,
저 절정을 감내한다.

고향지기의 겨울

흰 침묵이 뒤덮은 뒤뜰의 대숲,
움쭉 못하고 허리 굽은 대나무
적막이 흐릅니다.

간 밤, 앞뜰에 하얀 발자국 남기며
소식 기다리던 옛사람의 헛기침소리
서산으로 기웁니다.

산머리에 흩날리는 눈발이
지붕 위에도 하얗게 내렸습니다.

문 틈새로 사각이는 바람은
겨울밤을 달래는 친구입니다.

침상의 내 기침소리 문풍지를 울리고
겨울 입김이 방안에 흐릿합니다.

맑은 날, 지팡이를 벗 삼아 느린 걸음으로
처마 끝 고드름을 헤아리는 것은
남풍에 실려 오는 목련 소식 때문입니다.

고향지기는 모두,
목련의 봄꿈을 안고 갔습니다.
외로움도 모두 가지고 갔습니다.

김장하는 날
-숨

가을걷이가 끝나고 눈발 내리는 날 문을 열어 놓고 문턱 밖에서 김장을 하는 가족들의 모습이 떠오릅니다. 김장 마당에는 옹기종기 가족들과 마을 이웃들이 모여 배추 숨을 죽이고 숨죽은 배추에 양념을 넣어 또 새로운 우리 고향 마을 사람들의 숨을 들여 되살리곤 하였지요.

고향 마을 가족과 마을 이웃들이 우리 마음의 숨을 들인 배추 무들은 겨우내 그 새 숨을 받아 쉬느라 잠시도 쉬임이 없었지요. 그 김장독들이 첫숨을 내쉬이면 처녀 총각 맛 같은 상큼한 맛이 돋아나고, 둘째 숨을 내쉬이면 두어숨 색인 청국장 같은 맛이 피어나고, 셋째 숨을 내쉬이면 이제 겨울도 깊어 소한 대한이 지나 입춘 무렵이 되어, 이젠 더 기다릴 수 없는 갈치 속젓 같은 맛이 솟아나, 한겨울 그저 이 김장 한 두어 도가지 내쉬이는 날숨 맛으로 한 겨울이 가뜬히 지나가곤 하였습니다.

오래도록, 우리나라 사람들은 이렇게 자연에도 따뜻한 정의 마음, 우리 고향숨을 들이밀어, 추운

엄동설한에도 그것들이 죽지 않고 살아 숨을 쉬게 하였던 것이지요.

겨울 산

겨울 산에 침묵이 흐른다.
저 산으로 돌아가신 내 어머니 품속에
흰옷을 입고 깊은 잠에 빠져 있다,

나도, 눈꽃이 포근하게 피어있는
앞산 숲속에 들어 누어
몸 도장을 찍어 놓고 눈길을 간다.

발밑에 뽀드득거리는 소리
돌아보니, 능선을 따라온 억새꽃들이
눈보라에 숨죽여 울고 있다.

짧은 해가 서산에 기울면
흰 눈 쌓인 계곡의 침묵 속에는
더 깊은 소리가 들린다.

하얀 소복을 초록저고리 다홍치마로
갈아입고 오시는 어머님의 소리
봄이 오는
저 깊은 소리.

겨울 밤포구에서

얼마나 지났을까. 북풍에 실려 온 어둠, 뒤숭숭한 마음에 눈까풀이 바스스 열리고 이리저리 뒤척거린다. 문 틈새로 지나가는 매서운 바람소리는 귓가를 맴돌고, 처마 끝에 울어대는 전깃줄 쇳소리는 지칠 줄 모르고, 창밖의 앙상한 가지에는 별빛이 오락가락 내려오고, 눈빛은 더욱 초롱하여진다. 깊은 밤의 적막감이 몇 겹을 쌓아야 저 칼바람 소리는 떠나가려나. 숨소리조차 무거워진 밤 어릴 적 어머니의 품속으로 돌아가고 싶다. 잠을 잃은 이런 겨울밤에는 옆구리로 빠져나간 그리움들이 뒤척거리다 칼잠을 자다, 포구에서 갈매기가 뿌려놓은 시어詩語를 만나고 싶어 포구 둑을 거닐어 본다. 거센 바람에 갈매기도 흩어져버렸다. 아득히 먼 해저에서 달려온 비늘 냄새의 진실이 알고 싶다. 떨어져 나온 해저의 사연을 정박한 고깃배는 말이 없고, 조용히 멈춰 있는 폐선에는 손을 흔들며 떠나갔던 아픈 추억만이 아른거린다. 겨울을 지키는 허름한 밤주막, 창밖에는 눈이 내리고, 아무도 없는 탁자 위에 술잔은 쓸쓸하다.

겨울 산행山行

산 능선, 흐릿한 연무煙霧
띠를 두르고,
발가벗은 나무들이 계곡으로 걸어 내려오며
겨울 수묵화를 그리고 있다.

다가가면,
깡마른 나목들의 침묵놀이,

겨울 삭풍에 떠는 어린 가지들
아래,
말없이 드러누운
고목들의
묵언,

호젓한 계곡
누워 썩는 고목들이 키우는 새봄을
깊은 골물이
숨 죽여 노래하고 있다.

제5부

근황

삶

바람의 옷으로 구름의 집으로
늘 비우고 살아온 세월
가도 가도 닿지 않는 길
잔주름 같은 골짜기뿐이었던가.

인고의 강을 건너면
또 다른 강물이 넘쳐 오고
성글게 남아있는 흰 머리
기억마저 자지러지게 누워버리고,

혼미의 봄 안개
억장 무너지던 여름 장마
턱을 괴고 서 있던 가을 나무
까마귀 날아오르던 겨울 하늘,

길마다 그려놓은 허름한 발자국들
또 밟으며,
별 저무는 하늘 언저리 어디쯤
그 길을 오늘도 또 간다.

추억

툇마루에 봄볕이 내리면
눈꺼풀 스르르 감기며
할머니 팔베개에 포근함을 느낄 때
그때는 그리울 거야.

냇가에 옹기종기 물놀이로
해가는 줄 모르고
모닥불에 오순도순 모여 앉아
풀피리 불며 여름밤을 익힐 때
그때는 그리울 거야.

오두막집 뒤켠에 수탉이 홰를 치고
뽑아 올리는 울음이 새벽을 갈라
파닥거리는 낙엽 소리를 들을 때
그때는 그리울 거야.

깜박거리는 가로등에 흰 눈 내리고
깊은 밤 자장가도 희미해지다
하얀 눈꽃 가득한 아침동산에

연초록 세상을 꿈꾸던
그때는 그리울 거야.

먼 훗날, 내가 다른 세상에
있을 그 때에도.

어머님에게 바치는 노래

1

수줍은 오솔길로 오신 님
풋풋한 사랑으로 정성을 담아
베적삼 적시며 살아오셨는가.
할 말 그리 많으셔도 두 손 모으시고
기른 정성 못다 하여
정화수 받쳐 놓으시고
어둠 속 촛불 밝히셨는가.
자식들 그리움에 하 많은 일들
세상살이 잊으라, 묻어 두라,
기우는 새벽별 보며 지새우던 임.

2

한스런 말들은 차마 아니 내비치시어도
눈물로 몸짓으로만 살아오신 임
초승달 같던 기억 어디쯤 남으리.
전설처럼 남아있는 손길
자장가로 길들여진 이 몸은
어제 일처럼 옛날을 보듬는다.
한이 깊어서 고여 오던 사랑

수의 입고 가신 임의 자리엔
푸른 달빛만 흐른다.

소년의 노래

함초롬히 밤이 젖어들면
내 가슴에 별자리 생겨난다.

가슴에 담아둔 말들이
하늘로 올라가
깊은 생을 노래한다.

무심코 던져버린 말들이
부끄럽지 않게
찬란히 반짝일 줄이야.

안타까운 말들이
아무렇지 않게
저렇게 길을 열어갈 줄이야.

그래도 차마 하지 못한 말들이
은하수를 건너지 못하고
소년의 수줍음처럼 망설일 때

내 가슴 촘촘히 엮어 놓은 은하수
지는 별 옆에서
새로이 별자리가 뜬다.

세월과 시간의 숨바꼭질

세월은 깃털처럼 가볍게 날아가고
시간은 소금처럼 짭쪼롬히 폐부를 후빈다.

문자 단상斷想

강남 소식
띄워 보낸 제비는
돌아 올 줄 모르고
부질없는 알람만
파도처럼 밀려와 부서진다.
부서져버린다.

"어떻게 지내는가" 그려보아도
공허만이 가슴에 맴돌다
모래톱의 거품처럼 사라진다.
부질없어 숨어버린다.

그리도 고된 생활이기에
그리도 삶이 부담스럽기에
그리도 먼 곳 이기에
가벼운 소식마저 내려놓았는가.

기다리는 마음
아랑곳 않는 강남제비

붉은 노을 안고 간다.
외로움도 깊어만 간다.

외약골 오신 임

외약골 마루터기 터를 잡은 우리 임
상서로운 푸른 기운 기슭에 피어나니
골마다 번지는 마음도 재를 넘어 닿으리.

오신 우리 임 모든 짐 놓고 쉬시오소서.
신새벽엔 이슬도 내려 촉촉이 적셔주니
임 찾는 우리 가슴엔 우로雨露 은혜 넘치어라.

* 외약골 : 정읍시 입암면 마석리 조상들의 묘소가 있는 곳

호국원

국립호국원에 들어서자
수많은 영령靈靈 앞에 숙연해진다.

임들은 가셨어도
넋은 숨 쉬는 이곳,

깊은 고뇌의 희망으로
어머니의 뜨거운 아들이었는데,

새벽 정안수에 눈물을 뿌린
눈물 많은 아내의 남편이었는데,

철없는 자식들 가슴에 새기며
깊은 정 담고 사는 아버지였는데,

냉엄한 땀과 눈물로 지켜온 이 땅에
당신의 아들딸이 살고 있습니다.

당신 가신 그 길은
조용히 눈 감아도 보이고,
귀를 막아도 천둥처럼 들려옵니다.

우리들 가슴에 당신은 영원히
늘, 뜨거운 피로.
살아 있습니다.

주막집에서

해질녘, 주막집,
저마다 담소의 꽃이 활짝 피고
안주 어우러진 술 내음 속엔
그리움, 사랑, 애환들이 술렁인다.
하루의 단편 소설들이 가득하다.

취객이 그려놓은 벽면의 흔적들은
취한 듯 제멋대로 비틀거리며
어떤 구절은 가슴으로 들어와
술잔을 재촉한다.

얼큰하여지면
감성에 굶주린 애송이 시인처럼
구름, 바람, 세월을 얘기하며
이 골목 저 골목을 헤매었던 추억들이
술잔 속으로 떨어진다.

썰물처럼 주객들이 빠져나가고
창가에 덩그러니 남은 빈잔 위에

달빛 드리우니,
문득 그리워지는 아버지.

청탁清濁을 가리지 않으시다
먼 곳으로 가신지 오래건만
여직껏 돌아오시지 않고
어렴풋한 옛 모습만
달그림자에 터벅터벅 다가오신다.
옛 추억이 주막집에서
술을 마신다.

| 발문 |

쓸쓸한,
그러나 아름다운 '별 저무는 하늘' 길

호병탁(시인 · 문학평론가)

1.

시집 『그리운 고향 언저리』는 표제 그대로 '그리운 고향'과 그 '언저리'의 사계절과 그에 따라 변화하는 자연풍광을 유연하고 넉넉한 관점으로 묘파하고 있다. 당연한 말이지만 언어라는 것은 일정한 지시적 의미를 갖게 되고 이는 그것을 사용하는 언어공동체 속의 관습과 이해에 의해 결정되는 것이다. 또한 지시적 의미 외에도 언어는 특유의 함축적 의미를 가지고 있는바 이것도 같은 언어를 사용하는 언어공동체의 묵계와 동의에 의해 형성될 수밖에 없다. 시인은 이런 언어의 기본적 속성을 잘 이해하고 있다. 전체적으로 시편들은 기본적인 모국어 어휘로 구성되어 있고 부적절한 비유나 무게 없는 말장난은 찾아 볼 수 없다. 한 마디로 기품 있는 서정시의 경지에 달해있다고 볼 수 있다. 물론 그의 시편들은 읽기에 난해하지도 불편하지도 않다.

> 텅 빈 농부의 집
> 따사로운 봄 햇살,
> 초가지붕 빛바랜 용마루를 타고
> 팔베개로 누웠다.
>
> 다시 찾아올 나비는
> 남몰래 탈바꿈의 고통으로
> 어디쯤에서 인고의 시간을 접고 있는가.
>
> 하늘 높이에서,
> 삭풍을 견뎌온 해 묶은 까치둥지
> 아직도 옛 주인 기다리는데,
>
> 노란 개나리꽃들 저 혼자 피어,
> 새로 돋는 햇살 아래
> 다시, 농부의 꿈을 꾼다.

-「농부의 봄꿈」 전문

시집은 5부로 구성되어 있다. 제1부에서 4부까지는 사계, 즉 '봄', '여름', '가을', '겨울'의 소제목으로 나눠지고 이에 걸맞게 각 계절에 어울리는 시편들이 균배되어 있다. 마지막 제5부는 '근황'이란 제목으로 고향과 그곳 사람들을 바라보는 시인의 정겨운 시선과 사유가 담긴 시편들이 수록되어있다. 위 시는 그중 제1부 '봄' 시편들 중 하나다.

첫째 연에서 "따사로운 봄 햇살"은 초가지붕의 "용마루를 타고/ 팔베개"를 하고 누워있다. 평화스런 봄 풍경이다. 햇살이 "팔베개로 누웠다"는 의인擬人의 어법이 돋보인다. 이 말은 햇살에 인간의 속성을 부여한 것으로 한가롭고 여유 있는 시골의 봄 풍경을 더욱 여실하게 다가오게 한다. 그러나 시인은 따뜻한 봄볕 아래의 농가 모습을 서경하고만 있는 게 아니다. 여기서 우리가 주목해야할 점은 이 초가가 "텅 빈 농부의 집"이라는 사실이다. 햇볕이 밝으면 그림자가 더 어둡다. 화창한 봄날에 주인 없는 빈집은 더 쓸쓸하게 보인다.

둘째 연에서는 "봄 햇살" 속에 피어나는 꽃을 찾아올 나비가 어디에 있는지 그 위치를 묻고 있다. 지금쯤 그 나비는 "남몰래 탈바꿈의 고통"을 감내하고 있을 것이다. 나비가 되기 위해서는 번데기로부터 우화羽化하는 "인고의 시간"을 갖아야하기 때문이다. 이는 빈집의 주인인 농부를 은유하고 있는 것으로 볼 수 있다. 농부는 지금쯤 어느 객지에서 인고의 아픔을 견디고 있을 것인가. 나비가 봄바람 타고 돌아오듯 그도 고향의 집에 다시 돌아와야 하는 것이다.

빈집만 주인을 기다리고 있는 게 아니다. 셋째 연의 "삭풍을 견뎌온 해 묵은 까치둥지"도 집 앞 하늘에서 "아직도 옛 주인 기다리"고 있다. '아직도' 라는 부사어는 그 기다림의 시간이 오래 흘렀음을 의미한다. 북쪽에서 불어오는 겨울철 찬바람을 견뎌가며 까치집은 여전히 옛 주인을 기다리고 있는 것이다. 마지막 연의 "노란 개나리꽃들"도 마찬가지다. 반겨주고 즐겨 줄 주인이 없으니 꽃은 "저 혼자 피어" 있을 수밖에 없다. 봄이 되면 제일 먼저 피어나는 개나리꽃들도 "새로 돋는 햇살 아래/ 다시, 농부의 꿈을" 꾸고 있다. '다시'는 하던 것을 되풀이하는 것이다. 이는 작년 봄에 꾸었던 '꿈'을 이 봄에도 '거듭' 꾸고 있다는 말이다. 물론 이 꿈은 '농부가 돌아오는' 꿈일 터이다.

각 연의 시적 대상은 '초가집'과 집 언저리 나무의 '까치둥지', 언저리 울타리의 '개나리꽃', 또한 집 언저리 어디쯤 탈바꿈하고 있을 '나비' 등으로 봄이 오는 전형적인 '고향'의 아름다운 풍경화를 구성하고 있다. 그러나 이 서정적 그림에 막상 주인공이 되어야할 '사람'은 보이지 않는다. 집주인인 농부가 떠났기 때문이다. 그리하여 아름다운 그림이지만 화폭에는 짙은 페이소스가 감돌고 있다.

2.

봄 풍경을 그린 앞의 작품과 같이 아름답지만 애상감이 감도는 것은 농촌의 여름 풍경에도 마찬가지로 나타난다.

산바람이 간간이 내려오는 마을,
초가집들 몇 채 조올고
땡볕은 처마 끝을 달군다.

까치 우짖는 소리에
떨어진 감꽃,

터엉 빈 곳간 앞
헛간에
진다.

저 감꽃 꿔미꿔미 꿰어
목에 걸던,
어린 그리움들 어데로
갔나.

돌아온 계절마다,
맑은 햇살, 얼골마다 푸른 감물이
들던,
눈앞에 아른거리는 계집아이들.

빈 마을, 빈 가슴
오늘도 남쪽엔
저 혼자 감꽃이 진다.

-「풋감, 조올다」 전문

"산바람이 간간이 내려오는 마을"에 "초가집들 몇 채 조올고" 있다. 마을에 겨우 집 몇 채 있는 것으로 보아서는 '작은' 마을이고 그 집들이 졸고 있다고 하는 것으로 보아서는 시끄러울 것 하나도 없는 '조용한' 마을이다. 계절의 순환은 어김없어 이 작고 조용한 마을에도 여름이 다시 오고 "땡볕은 처마 끝을 달"구고 있다.

대개의 시골집에는 감나무 한 그루씩은 있기 마련이다. 그 나무에서 까치가 울고 감꽃이 진다. 얼마나 주위가 조용했으면 까치소리에 감꽃까지 떨어지고 있을 것인가. 같은 과일의 꽃이지만 감꽃은 사과, 배, 복숭아와는 달리 멀리서도 화사하게 보이는 봄꽃이 아니다. 무성한 나뭇잎 사이에 숨어 피는 여름꽃인지라 바짝 다가가서 시선을 모우지 않으면 보기도 힘든 꽃이다. 언제인지도 모르게 조용히 피고 지는 꽃이다. 그 감꽃이 지금 초가집의 "곳간 앞"에 떨어지고 있다. 그런데 그 곳간은 "터엉" 비어 있다.

세 개의 연으로 구성된 여기까지가 작고 조용한 농촌마을의 풍경묘사다. 마치 카메라가 롱-테이크 기법으로 화면을 끊지 않고 공간 전환을 하지 않으며 하나하나 보여주는 것과도 같다. 초가집들이 보이고 감나무가 보이고 곳간이 보이고 감꽃 떨어지는 게 보인다. 남정휘 시편에서는 이처럼 어떤 장면을 연속 보여주는 것으로 시의 문을 여는 경우가 많다. 시 초입의 이런 장면묘사는 시각적 심상을 강화하는 것은 물론 직접성과 현재성의 효과를 제고시킨다. 문제는 앞서 봄 풍경에서의 농부 집이 '텅 빈' 공간이었던 것처럼, 여름 풍경의 이곳 곳간도 '텅 빈' 공간이라는 데 있다. '꽉 찬' 것이든 '텅 빈' 것이든

모두 시각적 지각에 의한 것임은 동일하다. 즉 '보여주기'의 일환인 것이다. 그러나 한 장소의 상태를 수식하는 데 불과한 '텅 빈'이란 어휘는 작품의 내용 전개와 시의 전체적 정조情操를 가름하는 결정적인 요소로 작용한다. 쌀가마 같은 중요한 물건을 간직해 두는 곳간庫間이 텅 비었다면 문짝도 달리지 않은 헛간이야 더 말해 무엇 하랴. 그곳에 감꽃이 소리없이 떨어지고 있는 것이다.

보여주기에 이어 시인의 내적 발화가 넷째 연부터 시작된다. 지금은 고적한 장소가 되고 말았지만 바로 저곳에서 아이들은 땅바닥에 떨어진 감꽃을 주어 "꿔미꿔미 꿰어/ 목에 걸"고 놀았다. 그리운 그 어린 동무들은 다 어디로 간 것인가. 여전히 "돌아온 계절마다" 맑은 여름햇살 아래 감꽃이 진다. 감꽃 주어먹고 "푸른 감물이 들던" 계집아이들의 얼굴이 "눈앞에 아른거리"지만 지금은 다 사라졌다.

시인은 "빈 마을"처럼 허전하기 만한 "빈 가슴"을 느낀다. 이제 시골마을에서 어린 아이들을 보기 힘들다. 이는 우리가 직면한 현실문제이기도 하다. 우리가 옛날에 다니던 얼마나 많은 초등학교가 문을 닫고, 또한 닫고 있는가. 그래서 시인은 한 숨을 내쉬며 "빈 마을, 빈 가슴"이라 자신의 마음을 토로하는 게 아닌가. 그러나 더 이상 내면 의식에서 오는 정서적 감정의 격발은 없다. 현실문제도 직정적인 감정의 표출도 배제한다. 그저 남 얘기하듯 "오늘도 남쪽엔/ 저 혼자 감꽃이 진다"는 포괄적 진술로 시를 마감하고 있다. 담백하고 담담한 표현이다. 그러나 뭉뚱그려 말하는 '남쪽'은 바로 우리들의 고향이 있는 곳이 아닌가. 그리고 지금도 감꽃은 "저 혼자" 지고 있을 것이 아닌가. 이런 전체적 정조에서 우리는 수면 위에 일렁이는 달빛과도 같은 시인의 관념을 감지할 수 있다.

3.

이 글 초입에서도 언급한 것처럼 남정휘의 시편들은 한 마디로 기품 있는 서정시의 경지에 이르고 있다. 물론 그의 시편들은 앞에 인용한 두 편의 시처럼 읽기에 난해하지도 불편하지도 않다. 그럼에도 명시적이지는 않지만 물 위에 어른대는 달처럼 자신의 삶에 대한 관념과 철학적 사유를 행간에 온축시키고 있다. 이제 또 다른 계절인 '겨울'을 묘사한 작품을 보며 내재된 그의 깊은 속내를 헤아려 보기로 한다.

칠흑 같은 어둠 속을
첫눈이 사복사복
내립니다.

어디론가, 그저
하염없이 걸어가 봅니다.

가다가 생각하니 이젠
아무리 생각해도
갈 곳이 없어,

다시, 왔던 길로
되돌아옵니다.

그런데, 이상한 것은
분명, 되돌아 섰는데도

내가 돌아갈 길은 이제
흰 눈에 덮여 보이질 않습니다.

이젠, 그저 저 함박눈으로
내 가슴을 푸근히 감싸며

아무데나 내가 가고 싶은 데로
길을 내며 걸어가 볼까 생각합니다.

-「첫눈 내리는 밤」 전문

"첫눈이 사복사복" 내리는 밤이다. 강한 바람을 동반하지 않지 않고 조용하게 내리는, 그럼에도 어느새 제법 쌓이는 눈이 '사복사복' 내리는 눈이 될 것이다. 참신한 의태어다. 화자는 이런 밤에 "어디론가, 그저/ 하염없이 걸어가" 본다. "가다 생각하니" 더 이상 갈 곳이 없어 "왔던 길로 되돌아"온다. 그런데 이상하다. 분명 왔던 길이 있었음에도 불구하고 "돌아갈" 길이 보이지 않는다. 사복사복 눈 내리는 날 걷다가 뒤돌아보면 걸어 온 길이 자취를 감추는 것은 충분히 개연성이 있는 일이다. 길은 사라지고 만 것이다. 여기까지가 여섯 연에 걸쳐 벌어진 겨울밤의 상황이다.

마지막 두 연에서 화자는 "아무데나 내가 가고 싶은 데로/ 길을 내며 걸어가 보기로" 작정한다. 어차피 돌아갈 길이 없는 상황이 되었으니 스스로 "길을 내며" 갈 수밖에는 없다. 이왕지사 이렇게 된 거라면 화자는 내리는 눈으로 자신의 가슴이나 "푸근히 감싸며" 아무데나 "가고 싶은 대로" 걷자고 생각하는 것이다.

있음직한 일이지만 이 눈 오는 겨울밤의 정경은 우리네 인생길과도 닮았다. 이런저런 일 겪으며 오늘까지 왔다. 꽃들 화사하게 피던 봄도, 푸른 잎 무성하던 여름도, 단풍 곱던 가을도 다 지나갔다. 이제 눈 쏟아지는 겨울이다. 화자도 어느덧 인생의 황혼기에 이르렀음을 느낀다. 뒤를 돌아다본다. 갑자기 화자는 자신이 왕복이 아닌 '편도 승차권' 한 장만 달랑 손에 쥐고 있음을 깨닫는다. 종착역은 어디인지 모른다. 이왕이면 "가고 싶은 데"까지 갈 수 있을 뿐이다. 그리고 그곳에서 인생길을 내려설 수밖에 없다. '다시'라는 말은 없다. 되돌아갈 길은 없는 것이다.

위의 시에는 그 흔해빠진 직유하나 찾아 볼 수 없다. 그러나 시 전체가 한 덩어리가 되어 우리의 삶에 대한 하나의 뛰어난 은유가 되고 있다. 결코 '되돌릴 수 없는 길', 그것이 바로 우리가 지내온 '삶의 여정'이 아니고 또 무엇이겠는가.

4.

시인의 되돌아갈 수 없는 삶의 여정은 과연 어떤

것이었던가. 그리고 앞으로 가야할 삶의 여정은 또한 어떠할 것인가. 시인은 의외로 「삶」이란 제목을 견인한 작품으로 이에 대해 진술하고 있다.

바람의 옷으로 구름의 집으로
늘 비우고 살아온 세월
가도 가도 닿지 않는 길
잔주름 같은 골짜기뿐이었던가.

인고의 강을 건너면
또 다른 강물이 넘쳐 오고
성글게 남아있는 흰 머리
기억마저 자지러지게 누워버리고,

혼미의 봄 안개
억장 무너지던 여름 장마
턱을 괴고 서있던 가을 나무
까마귀 날아오르던 겨울 하늘,

길마다 그려놓은 허름한 발자국들
또 밟으며,
별 저무는 하늘 언저리 어디쯤

그 길을 오늘도 또 간다.

-「삶」 전문

시인의 도저한 사유는 '삶'에 대한 깊은 천착을 계속한다. 그럼에도 이 시에 '삶'이니 '인생'이니 하는 제목과 연관된 어휘는 일체 찾아 볼 수 없다. 이 점은 유념해 보아야 할 부분이다. 시에는 시 고유의 즐거움이 있는 것이며 충족시켜 주어야 할 형태적 요건이 있다. 그렇지 않은 언어조직은 시라는 이름에 값할 수 없다. '생각'을 가지지 않은 시는 사실상 불가능하다. 그러나 설령 삶이나 인생에 관한 생각을 말한다 해도 시로서의 최소한도 형태적 기품을 갖추어야한다. 즉 삶이나 인생 같은 추상적 관념어는 철학에서나 어울리는 것이지 시의 언어조직에 함부로 동원될 수는 없다는 말이다. 지금까지 본 앞의 몇 작품들은 실상 '삶과 인생'의 덧없음과 가파름을 담고 있다. 그러나 이와 직접적으로 연계되는 관념어는 어디에도 나타나지 않는다. 한 작품이 문학이냐 아니냐 하는 문제는 어디까지나 문학적 기준에 의해서 판단될 수 있는 것이다.

시인의 걸어온 삶의 여정은 과연 어떤 것이었던가. 시인은 첫 연에서 그것이 "바람의 옷으로 구름의 집으로/ 늘 비우고 살아온 세월"이었다고 회억한다. 바람이나 구름은 손에 쥘 수 있는 게 아니다. 결국 '빈' 삶을 살았다는 말이 된다. 그리고 그가 걸어온 길은 목적지에 "가도 가도 닿지 않는 길"이었고 그나마 평탄하지 않고 주름진 "골짜기" 길이었다. "인고의 강을 건너면/ 또 다른 강물이 넘쳐"왔다. 그리고 이제 자신의 모습은 "성글게 남아있는 흰 머리"뿐이다.

시인은 셋째 연에서 자신이 걸어온 삶의 여정을 사계절로 요약하여 아름다운 서정으로 노래한다. 그러나 행복과 환희와는 거리가 먼 사계의 정경이다. "봄 안개"는 혼미했고, "여름 장마"는 "억장 무너지던" 것이었다. "가을 나무"는 쓸쓸하게 "턱을 괴고 서"있었고, "겨울 하늘"에는 못난 "까마귀"나 날아오르고 있을 뿐이었다. 모질기만 했던 여로가 아닐 수 없다.

따라서 시인은 마지막 연에서 그가 걸어 온 길에는 "허름한 발자국들" 만이 "그려"져 있다고 말한다. 그리고 자신이 가야 할 삶의 여정을 짚어본다. 그가 오늘도 걸어야할 길은 "별이 저무는 하늘 언저리 어디쯤"의 길이다. 하늘 한 복판도 아니다. "언저리 어디쯤"이다. 결국 "허름한 발자국들" 만이 찍한 그 길을 "또 밟으며" 가야하는 것이다.

시 전체에 페이소스가 감돌고 있다. 실상 보편적 인간들의 삶을 되돌아보면 서로 크게 다를 것도 없이 덧없기는 마찬가지다. 결국은 빈손이다. 그럼에도 시인은 마지막 연에서 자신이 "별이 저무는 하늘" 길을 갈 것이라고 말한다. 주목되는 대목이다. 세상살이가 어렵고 각박할수록 반짝이는 '하늘의 별'은 더욱 소중한 것이다. 시인은 그 소중한 별빛을 받으며, 그 저무는 별들과 함께 "하늘 언저리 어디쯤"을 걷겠다는 것이다. 이는 절망과는 거리가 멀다. 저무는 별이 반짝인다면 새벽이 가깝다. 이때쯤이면 지상의 풀끝에는 저마다의 사연들이 이슬로 맺히고 있을 것이다. 별과 이슬은 아름다운 것이지 절망적인 것은 결코 아닌 것이다.

돌이켜보면 신산하기만 했던 허망한 삶으로 보이지만 그러나 갈피갈피 사이에는 작은 행복의 웃음도 있었다. 가파르게만 느껴졌던 사계절도 마찬가지다.

툇마루에서 "할머니 팔베개에" 포근하게 "눈꺼풀 스르르 감"던 따뜻한 봄날이 있었고, "냇가에 옹기종기 물놀이로/ 해가는 줄" 모르던 여름날도 있었다. "오두막집 뒤"에 떨어지는 "낙엽 소리를" 듣던 가을날이 있었고, "하얀 눈꽃 가득한 아침동산에/ 연초록 세상을 꿈꾸던" 겨울날도 있었다.(「추억」) 시인은 이런 사계절을 추억하며 각 계절의 말미마다 그때가 "그리울 거"라고 반복하여 강조하고 있다. 외면하고 싶은 지난 세월이 아니다. 오히려 그리운 세월이 되는 것이다. 특히 시인은 이런 그리움이 "먼 훗날, 내가 다른 세상에/ 있을 그 때에도" 지속될 것이라는 선언적 발화로 「추억」의 마지막 연을 마감하고 있다. 한 마디로 저 세상에 가서도 힘들었던 이승의 한 때들이 그리울 것이라는 긍정적 발화다. 우리는 여기서 '부정 속의 긍정'이란 속 깊은 화두를 발견한다.

5.

우리를 찌르던 가시 달린 찔레도 멀리서 보면 연하고 부드럽게 살랑댈 뿐이다. 매시간 겪었던 고통은 결국 "깃털처럼 가볍게 날아"간 세월로 변모되고 마는 것이다. 그리하여 시인의 도저한 사유는 시간과 세월에 대해 촌철살인과도 같은 절창을 뽑는다.

> 세월은 깃털처럼 가볍게 날아가고
> 시간은 소금처럼 짭조롬히 폐부를 후빈다.
>
> -「세월과 시간의 숨바꼭질」 전문

일단 시간과 세월에 대해 생각할 필요가 있다. '시간時間'은 말 그대로 어떤 '시각과 시각과의 사이'를 뜻한다. 그리고 이것은 끊임없이 '흐르는 것'이라 철학적으로는 과거 · 현재 · 미래가 무한하게 연속되는 것을 의미한다. '공간'에 대립되는 개념이다. '세월歲月' 역시 '시간이 흘러가는 것'이다. 광음光陰이란 어휘로 대신하기도 하는데 이는 낮과 밤이라는 뜻으로 결국 '시간이나 세월의 흐름'을 말한다. 실제로 몹시 바쁘거나 어떤 일에 몰두하여 어떻게 지나는지 잘 알지 못할 때 우리는 '시간 가는 줄, 혹은 세월 가는 줄 모른다'고 둘을 같은 의미로 사용한다. '어느 시간에, 혹은 어느 세월에 그 일을 마치냐'고 해도 둘 다 '기간이나 때'를 말하고 있는 것으로 같은 의미가 된다. 그렇다면 시간과 세월은 같은 말이고 이를 구분하여 설명하고 있는 위의 시는 모순이다.

과연 그러한가. 우리가 직관으로 받아들여도 두 어휘의 뉘앙스는 한참 다르다. 시간은 짧은 기간이고 세월은 긴 기간으로 느껴진다. 말 그대로 따져도 '세'는 해를 의미하고 '월'은 달을 의미한다. 그러나 '시간'을 의존명사로 사용할 때 이것은 하루의 24분의 1이 되는 동안, 즉 60분에 불과한 것이 아닌

가. 예로 8년과 8시간을 생각해보자. 천양지차가 아닌가.

시인이 걸어왔던 삶의 여정은 시간마다 힘이 들었다. "인고의 강을 건너면/ 또 다른 강물이 넘쳐" 왔다. 앞서 본 것처럼 겪어야했던 여러 계절의 시간들도 행복과는 거리가 멀었다. 시인에게 그 시간들은 "소금처럼 짭쪼롬히 폐부를" 후벼댔다. '후비다' 라는 말은 구멍이나 틈 안을 돌려 파내는 행위다. 혹 귀를 후빈다면 몰라도 "폐부를 후빈다" 면 그 아픔은 매우 클 것이다. 그러나 세월이 약이라 했던가. 세월이 흘러가고 이제 돌이켜보니 그 아픔들도 실상은 견딜만한 것이었다. 그것은 다른 인간들도 함께 겪는 범상한 '시간의 연속' 에 불과한 것이었다. 그리하여 시인은 그때그때 당장 겪어야 했던 '시간' 은 폐부를 후비는 것처럼 아팠지만 그 시간이 흘러가며 만든 '세월' 은 "깃털처럼" 가벼운 것이었다고 진술하고 있는 것이다.

위 시에서 "짭쪼롬히" 라는 부사어가 특별히 눈에 띈다. 짭쪼롬한 맛은 도저히 먹을 수 없을 정도로 짠 맛은 아니다. 충분히 먹을 수 있는 것으로 젓갈 같은 것이 바로 짭조름한 맛이 아닌가. 앞의 시 「추억」에서 시인은 "별이 저무는 하늘" 길을 가고 있다. 혼자

걷는 그 길은 쓸쓸할 것이다. 그러나 별이 반짝이는 길이다. 어찌 보면 참으로 아름다운 길이기도 하다.

따라서 시인은 아래와 같이 아름다운 편지를 쓸 수 있다.

> 간밤에 밤안개 가득하더니, 가지마다 물방울 맺히고 웅크린 잎눈들이 봄바람에 금방이라도 튀어 나올 듯, 살아 있는 가지에만 푸른빛이 돕니다. 겨울을 이겨내지 못하고 생生을 내려놓은 가지들의 부석거리는 외침은 봄비 속에서 이제, 기꺼이 부드러운 흙이 되고자 합니다. 그늘진 오솔길 어설피 남은 잔설殘雪들이 아직 낙엽 위에 잠시 남아 있을지라도, 스며드는 봄의 향기와 부드러운 흙 내음 속으로 기꺼이 스며들 준비를 하고 있습니다. 신비롭게 다가오는 것은, 오직 저 새로 피어나는 생명들뿐만이 아님을, 저 '살아 있는' 것들만의 몫이 아님을, 이젠 당신께 전해드릴 수 있습니다. 그럼, 늘 편안히 지내시어요. 안녕.
>
> -「편지」 전문

봄비가 내린다. 나뭇가지에는 "푸른빛이" 돌고 곧 "잎눈들이" "튀어 나올" 것 같다. 그러나 "겨울을 이겨내지 못하고" 죽어 "부석거리는" 가지도 있다. 같은 날, 같은 나무에서, 즉 같은 시간과 공간에서 한쪽은 살고 한쪽은 죽어 있다. 나무가 있는 풍경 위에서 아이러니가 슬그머니 고개를 든다. 우리는 이 대조되는 사실을 주시할 필요가 있다.

물론 '살다'는 '죽다'의 논리적 부정이다. 부석거리는 것은 죽어 '소멸'하는 것이고, 푸른빛이 도는 것은 살아 '생성'하는 것이다. 그러나 시인은 "생을 내려놓은 가지들"이 그냥 사라져 없어지는 것이 아니라 이제 "부드러운 흙이 되고자" 한다고 말한다. 시인은 그것을 마치 그늘에 남은 눈이 흙 속으로 "스며들 준비를 하고" 있는 모습으로 보고 있다.

실상 흙은 나무가 살아갈 수 있도록 만드는 '생의 근원'이다. 흙의 자양이라는 원천 없이 '푸른 나무'는 존재할 수 없는 것이다. 그리고 그 시기가 다를 뿐 '푸른 나무' 역시 결국은 흙으로 돌아간다. 아니 돌아가는 것이 아니다. 나무는 한시도 흙을 떠나는 법이 없다. 언제나 흙과 하나이다. 어찌 보면 나무와 흙의 관계는 '둘이면서 하나이고 하나이면서 둘二而一, 一而二'이라는 '도'의 이치를 보여주고 있다고 할 수 있다.

우리 인생사도 마찬가지다. 논리적 부정에서 '사

는 것'은 '죽는 것'의 반대현상으로 동시에 일어날 수 없는 일이다. 그러나 현실에서는 사는 것과 죽는 것이 동시에 진행된다. 살아가는 과정이 죽어가는 과정이고, 죽어가는 과정이 곧 살아가는 과정이 아닌가. 현실의 삶 속에는 이미 죽음이 포함되고 죽음 속에는 삶이 포함되어 있는 것이다. 푸른 나무의 삶의 과정도 결국은 흙으로 돌아가는 죽음의 과정에 다름이 아니다.

그리하여 시인은 「편지」를 받는 사람에게 자신 있게 전할 수 있다. "신비롭게 다가오는 것은, 오직 저 새로 피어나는 생명들뿐만이 아님을, 저 '살아 있는' 것들만의 몫이" 아니라는 사실을 확언할 수 있는 것이다. 시인은 자신에게도 다가올 죽음을 '생성'의 현상을 보존한 '소멸'로 바라본다. 죽음이라는 부정적 현상을 오히려 한층 높은 단계에서 긍정하는 변증을 보여주는 의연한 자세가 아닐 수 없다. 이 「편지」에는 이런 철학적 사유가 온축되어 있다.

시의 문장은 '-합니다'라는 같은 종지형의 병치로 마감되고 있다. 이런 동일한 통사구조의 문장은 일정한 호흡과 리듬을 살리는 동시에 화자의 정서를 한층 효과적으로 드러내는 역할을 한다. 그러나 마지막 행에서 자칫 단조로울 수도 있는 동일한 언어구조의 반복에 파격을 가한다. "그럼, 늘 편안히 지내시어요. 안녕."이라는 직접화법을 사용하고 있는 것이다. 편지의 끝 인사로 아주 정겹다. 이 마지막 행은 시제 '편지'와 절묘한 조화를 이루며 독자의 정서를 한껏 고양시키고 있다.

신비롭게 다가오는 것은, '살아 있는' 것들만의 몫이 아니라는 시인의 사유는 우리를 위무한다. 그리하여 시인에게나 우리에게나 "별 저무는 하늘"은 결코 쓸쓸하기만 한 길이 아니라 아름답기만 한 길이 될 수도 있는 것이다.

문예시선004

그리운 고향 언저리

초판 1쇄 발행 2018년 4월 2일

기 획 문예원 문예시선 편집위원회
지은이 남정휘

펴낸이 홍종화
편집주간 박호원
편집 · 디자인 오경희 · 조정화 · 신나래
김윤희 · 이상재 · 이상민 · 최아현
관리 박정대 · 최기엽
펴낸곳 문예원
출판등록 제317-2007-55호
주소 서울시 마포구 토정로 25길 41(대흥동 337-25)
전화 02) 804-3320, 805-3320, 806-3320(代)
팩스 02) 802-3346
이메일 minsok1@chollian.net, minsokwon@naver.com
홈페이지 www.minsokwon.com

ISBN 978-89-97916-97-9
SET 978-89-97916-85-6 04810

이 도서의 국립중앙도서관 출판시도서목록(CIP)은 서지정보유통지원시스템 홈페이지(http://seoji.nl.go.kr)와 국가자료공동목록시스템(http://www.nl.go.kr/kolisnet)에서 이용하실 수 있습니다.(CIP제어번호: 2018008433)

※ 책 값은 뒤표지에 있습니다.
※ 잘못된 책은 바꾸어 드립니다.